筑豊本線の「シゴゴ」はそれをお目当て
に訪問するような貴重な存在であった。
数多くのC55型が籍を置き、旅客列車を
中心に最後の活躍を見せてくれた。なか
でも右のC5557は「最も美しい」C55
型として、人気を集めていた。「小工式デ
フ」を持ち、宮崎区時代からの青地のナ
ンバープレートも素敵だった。直方駅発
車のシーンである。一方、C5552は変型
デフレクターで知られていた。めずらし
く雪の原田駅での左の姿から、さらに晩
年は改装されて上のようになった。いま
は吉松駅前に保存展示されているものだ。

行橋区の C50、なかでも C5058 は装飾された「小エデフ」を付けていることで人気の存在だった。それは「行橋機関区 60 周年」を記念して 1954 年に装着されたもの。三度目の訪問でようやく望みの写真が撮影できた。次ページは後藤寺線、後藤寺～船尾間の中元寺川橋梁を往く 9600 型逆向重連の貨物列車。

010

筑豊本線の C55
旅客列車の先頭に立つ

012

筑豊のC55

■ 筑豊本線　若松〜原田間

　晩年、1969年の時刻表を見てみると、若松〜原田間66.1kmの筑豊本線には、蒸気機関車牽引の旅客列車が12往復走っていた。もっともそのうち全線を通して走るのは3往復だけで、門司港から直方に直通するもの、飯塚止まりになるものなど、運用は複雑だ。

　それでも、貨物列車を含めると列車密度は高く、大仰にいうとひっきりなしに煙が見られる、といった風であった。四線が並ぶ折尾近くの線路では、左の写真のように9600をC55の旅客列車が追い抜いて行ったり、幾度となくすれ違いのシーンに遭遇したりした。

　基本的に筑豊本線の旅客列車は、若松機関区のC55型の牽引であった。一部貨物列車の補機を務めたり、飯塚から分岐する上山田線の旅客列車を受け持ったりしたが、本線と名のつく路線を客車を牽いて走る往年の名機は、やはり憧れるに足る美しさを備えていた。

　最初は、その「シゴゴ」見たさの訪問であった。列車写真よりも、とにかく多くの機関区を訪問してたくさんの機関車を写真に収める、というのが目的だったから、直方機関区とともに若松機関区訪問はmustであった。まだ残っていた「10番代」のC55をしっかり撮影し、持参した「機関車配置表」の一輌一輌に撮影済みのチェックを入れていくのを楽しみにしていたのだった。

　だから、列車を牽いて走ってくる姿よりも、機関庫で単機で停止している機関車に出遇う方が嬉しかったりした。客車列車の先頭に立って走るシーン、それもできるだけ情景を写し込んで、さらに理想をいうなら一幅の絵画のようにできたら… ウデはさておき、気持ちだけはそんな大それたことを考えるようになったのは、どんどん消えていく蒸気機関車を思う時、より生きた姿で記録にとどめておきたい、と気付いたからにほかならない。

　こうして目標が決まった。C55追い掛けがはじまった。

● C55「10番代」のデフ

　九州のC55型の多くは「小工式デフ」を装着している。「シゴゴ」や「シゴナナ」にお似合い、というのは多くの鉄道好きが認めるところだ。

　そもそも門司鉄道管理局の機関車のために国鉄小倉工場が考案施工したことから「小工式デフ」とか「門デフ」と呼ばれた。1950年代後半に、まずは標準のデフレクターの下半を切取って装着したのにはじまり、いくつかの試作が行なわれた。

　その試作の最初がC5513。その後、いくつもの試みを加えたC5511が登場している。量産形というべき「小工式デフ」はC55型のうちの22輌に装着され、九州内においては、標準的なデフレクターのまま残っていたC5510やC5519の方が貴重な存在になったりした。C5546、C5552も微妙に異なるデフレクターを備える。

　C5511〜の「10番代」は1960年代末に他区から転入してきたC55やC57と代わって、いち早く現役から退いてしまった。美しいデフの「50番代」が主流になったわけで、統一されてよかったという反面、趣味的には少し物足りなくなったりもした。

　若松区の「シゴゴ」は、ときに逆向運転の仕業もあったりして、左の本線725列車では、先頭の客車でC5513の顔を見ながらの楽しい小旅行になったのだった。

● 美しい C5557

　「シゴゴ」はやはり美しい機関車だ。とくにスポーク動輪の醸し出す繊細な美しさは格別。機関車そのものが美しいのだから、どのように撮っても絵になってくれる。

　短い鉄橋でサイドヴュウを狙う。シャッターチャンスはワンカットだけ。ブロニカは縦走りシャッターだから、流れないように一段シャッター速度を速くして… 息を詰めながらその瞬間に決めた。

　それにしても、こんなカットを撮る余裕というか、列車本数の多いからこそなのだから、やはり筑豊本線は魅力的な場所であった。後年は各地からC55型が移動してきて、機関車が入れ替わったりした。転入してきた機関車を含め、多くが「小工式デフ」を装着し、旅客列車の先頭に立つ姿もすっかり目に焼き付いている。

　なかでも美しい姿を残していると評判だったのがC5557。やってきたのが57号機だった時は、なにか得した気分になったものだ。

● 冷水峠越え

　筑豊本線の見どころのひとつは筑前内野～筑前山家間の「冷水峠越え」だろう。駅間距離10.2km、上下25‰の勾配が横たわる難所である。DD51の牽く急行「天草」にも、D60型の後補機がつけられたりしたほど。

　最初、この「冷水峠」にトライした時は悲惨であった。だいたいが駅間距離は長いし、サミットの冷水トンネルは3286mもあって簡単には越えることができない。内野側にいても山家側にいても下り列車に対して上り25‰の勾配は、逆に上り列車には下り勾配になってしまうわけで、そうでなくても列車本数が少ない区間だけに、なかなか思うようなポイントを発見するには至らなかった。

　クルマを使って、峠の両側を行き来できるようになって、いくつか撮影の機会はあったのだけれど、結局、思うようなC55の牽く列車は撮影できず、いまだに満足はできていない。

　夏の日のこと、煙が迫力なかったり、どうも思い通りにいかない。果ては開き直って、右のような写真を狙う始末。そういうときに限って、C5557がやってきたりするから、どうもついてもいないようだ。なぜ、カラーで撮らなかったのだろう。柿の赤がいいアクセントのはずなのに。

021

筑豊本線を走るC55。右は冷水峠に挑む
C5557。左はすれ違うC5512。筑豊本線の「シ
ゴゴ」を振り返って、思い浮かぶふたつの代表
的なシーンというものかもしれない。

　それにしても、冷水峠は満足のいく写真を撮
れないまま、であった。直方寄りの北では密度
の濃い筑豊本線だが、冷水峠の区間を走る撮影
可能な時間の旅客列車は日に4往復。たとえば
「明礦平山」をはじめとする炭礦専用線など、周
辺に面白い訪問先を発見したこともあるのかも
しれない。

　1971年になってC57も入線していた。一度
など、力行する旅客列車を撮れた、と思ったら
やってきた機関車がC57であったりして、当て
が外れた思いがしたものだ。もちろん「シゴナ
ナ」は「シゴナナ」で決して嫌いではないけれど、
C55を期待して待ったお目当ての列車だっただ
けに… しかも振り返ってみると、それが筑豊本
線の旅客列車を撮影できた最後になってしまっ
たのだから、口惜しい気持ちがいまだ褪めてい
ないのも理解いただけよう。

　筑豊本線のハイライト区間とされる冷水峠は、
そういうわけで満足できないまま終わってし
まった。その憂さはD60の牽く貨物列車で取
り返すことになるのだった。（この項未完）

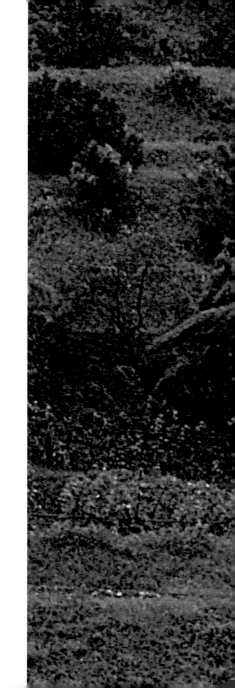

特集
1-2

若松機関区の
C55

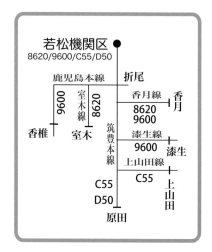

若松機関区　●
8620/9600/C55/D50

鹿児島本線　折尾

香月線　香月

9600　　室木線　8620　　8620
9600

室木　筑豊本線

漆生線　漆生

9600

上山田線

C55　　C55　上山田

C55

D50

原田

香椎

C55型

軸配置 2C1 の旅客用機関車。62 輌がつくられた。完成形といわれる後継の C57 型が登場してみると、そこに至る橋渡しの役を果たした、過渡期の機関車のようにいわれたりする。しかし趣味的にみると、全溶接の車体、一体化されたドームなど近代的になりつつも、スポーク動輪を残していたり、独特の人気を得ている機関車だ。

1965 年当時の若松区には C55 6、11、12、13、15、46、57 の 7 輌が配置されていた。九州には、ほかに宮﨑機関区や吉松機関区に配置されており、その数は C55 型全体の半数以上を占めていた。

そのうち、C5511 〜 15、いわゆる「10 番代」の C55 型は、試作を含め標準化される前の「小工式デフ」を備えていたことから、それぞれが興味深い存在であった。

若松区の配置機関車は 1967 年も変わることがなかったが、日豊本線が C57 型に置き換わったことから、1969 年になると、各区の機関車が入れ替わり、若松機関区には C55 3、15、19、46、51、52、53、57 の 8 輌が籍を置いていた。「小工デフ」のもっとも似合う機関車 C55 型だけに、このうち標準デフのまま残っていた C5519 は、同様の C5510 とともに別の注目を浴びたものだ。

C55 3

1935 年 3 月、川崎車輛製、製番 1540。完成後は宇都宮などで使用ののち、1958 年以降、秋田から九州に渡り、鹿児島→宮崎→吉松→人吉などを点々とし、1967 年 10 月に若松区に。鹿児島局時代の 1955 年頃に切取りデフに換装。「小工式デフ」とは微妙に異なる。1969 年 10 月休車、1970 年 1 月に廃車された。

C55の「小工式デフ」

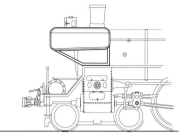

C55 2、5、6、8、14、15、18、24、26、27、28、29、33、35、37、51、53、54、57、60

「小工式デフ」「門デフ」と愛称されて、C55型によく似合うといわれるデフレクター。筑豊本線で働くC55は唯一C5519を除いて、どれもが「小工式デフ」を装着していた。

さらにそのなかには試作品をつけたもの、変形版をつけていたものなど、ヴァラエティに富んでいた。左上が標準的なもので、ここにあげた20輌に加え、C5512、46もこのタイプに分類されていた。基本的には同じなのだろうが、見た目に少し大きく見えることから、別掲する。

またC55 3は、同様の切取りデフだが、施工は鹿児島工場で行なわれたもので、そういう意味で厳密には「小工式デフ」ではないのだが、形態的には紛れもなく「門デフ」にちがいない。

順番でいうとC5513の方が先なのだが、C5511は大掛かりなデフレクターを試みたという点で興味深い。

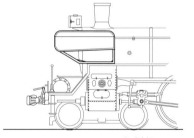

C55 3　鹿児島工場

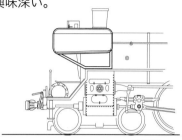

C5512

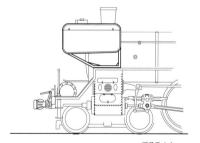

C5546

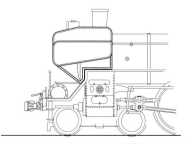

C5511　1953年試作

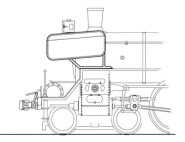

C5513　1952年試作

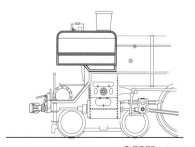

C5552　1953年試作

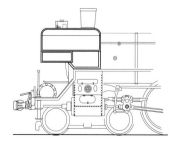

1972年再改造後

C5511 のデフレクターは、大分機関区に所属し、日豊本線で使用されていた 1953 年に装着された。右のイラストは、月刊「鉄道ファン」誌（交友社）に掲載された「小倉工場現場作業図面」をトレースしたものである（516 号、関 崇博「門鉄デフ調査レポート」3）。

　この図面では 500R の曲線を描いている前下方のステイは、実物では直線状になっていた。上半分が上下に可動式になっていることが、図からも読取れる。可動部分にあたる上半に 3 本のスリットが空けられているのは、その動作を妨げないようにステイとの当たりを避けたものだろう。

　初期の試作でもあることから、装着当初は大型の特製集煙装置が取付けられ、デフとの相乗効果で煙の流れをコントロールすることが考えられていた。可動部分を上下させてデフのサイズを変化させ、デフレクターの最善の効果を得る面積などの寸法決定のために、試験が繰り返されたという。

　一連の試験終了後は集煙装置は外され、デフの可動部分も固定された。若松区に転じてきたときには、すでに固定式になっていたが、特異な形状から特別な 1 輌であったことにちがいはなかった。

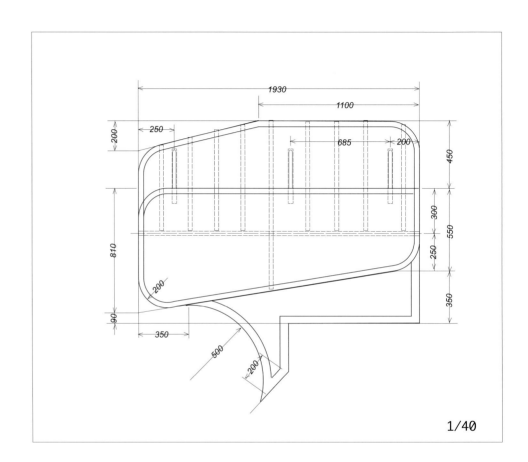

1/40

C5511

1935年5月、川崎車輛製、製番1550。
初配置区は梅小路区。その後は宮原→福知
山区などを経て1941年12月に鹿児島へ
転入。九州内では大里→門司→熊本→大分
区と移動し、大分区時代の1953年に試作
「小工式デフ」を装着。1962年8月大分
から若松区にやってきた。その時点でデフ
は可動部分を固定するなどされていたが、
独特の外観は維持。1968年12月に廃車。

031

C5512

1935 年 9 月、川崎車輌製、製番 1576。初配置区は宮原区。1941 年に福知山から鹿児島区にやって来た。以下、大里→門司→熊本→大分区を経て、1960 年 9 月に若松区に転属してくる。1968 年 12 月に廃車された。

034

C55 13

1935年9月、川崎車輛製、製番1577。最初から九州は鳥栖区に配属され、ずっと九州内で使用された。移動は大分→門司→熊本→大分→早岐区と渡り歩く。1952年に「小工式デフ」に改装されるが、その形状は独特のもの。前傾して取付くのが特徴的だ。1963年6月早岐から若松区に。1968年10月休車になり、据付けボイラー代用としてデフなし姿で鳥栖区にあったという。最終的に廃車になったのは1971年6月。

036

C55 15

1935年10月、川崎車輛製、製番1584。最初は東北地区にあり、仙台区を皮切りに、青森→会津若松区などで使用。1950年に会津若松から門司区に転属してきた。以下鳥栖→大分→早岐→若松区と移転。若松区に転入は1968年10月のこと。1969年4月には鹿児島区に移って休車、1969年9月鹿児島で廃車。

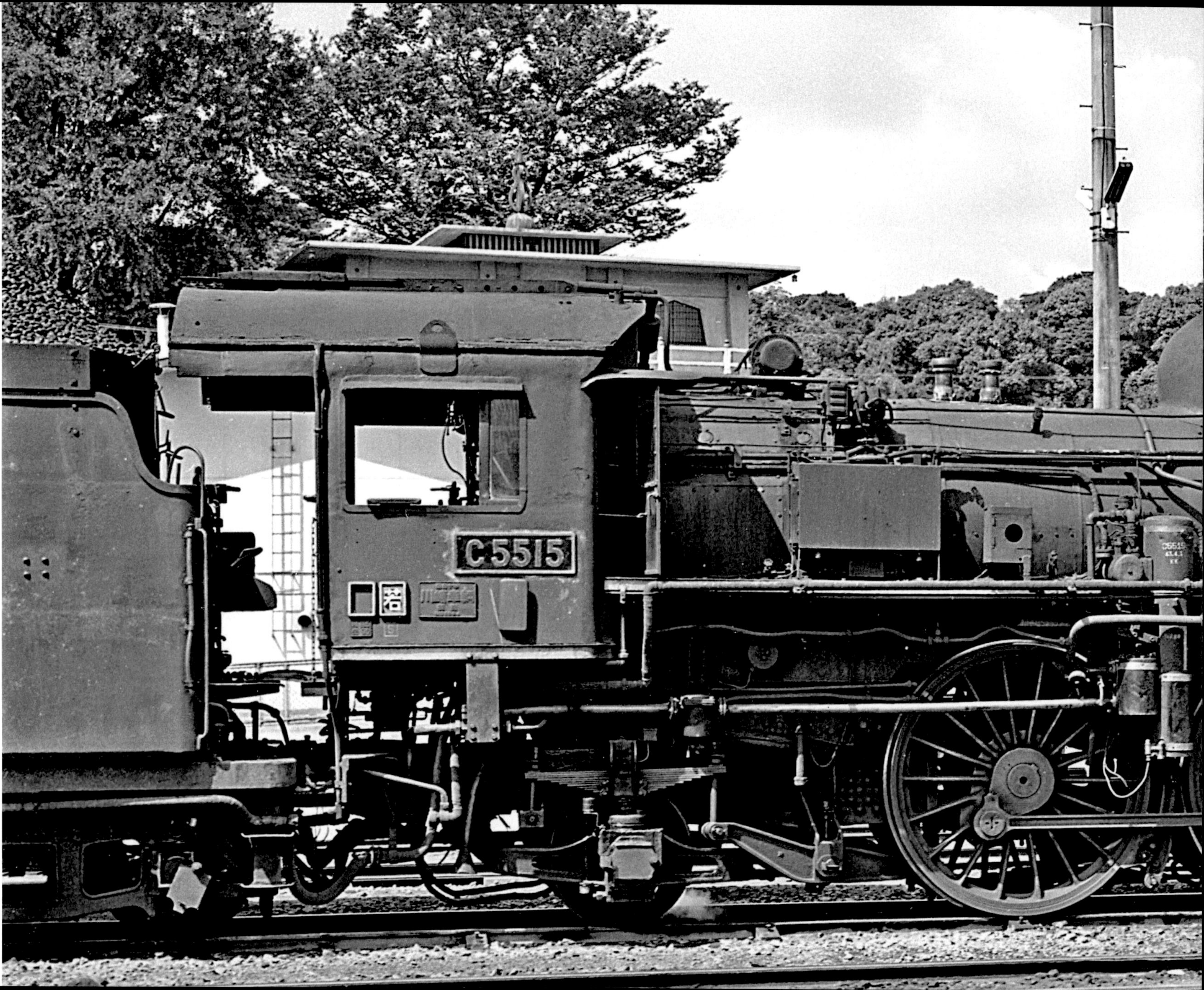
C5515

041

C5519

1935 年 12 月、日 立 製、製 番 687 として誕生した C55 の第一次型最終機。初配置は名古屋区で、秋田→大垣→秋田区と行き来した。1958 年に秋田から宮崎区に転入、以下人吉→若松区で 1968 年 10 月から筑豊本線で使用。最後まで標準デフを維持し、九州ではかえって目立つ存在に。いち時鳥栖区に据付けボイラー代用となり、1972 年 3 月若松区に戻ってくるも 1974 年 6 月には廃車に。

C5546

1937年2月、川崎車輌製、製番1584。流線型から普通型になったC55第三次型。初配置区は奈良区で梅小路区などに移動して、関西地区で使用。九州にやってきたのは戦後間なしの1940年で梅小路から鹿児島区への転属。以下、大里→門司→大分→を経て1962年10月に若松に。ひと回り大きな「小工式デフ」が特徴。1971年12月に廃車後、C5553として大分若草公園に保存されている。

044

C5551

1937 年 3 月、汽車会社製、製番 1459。
初配置は小郡区。以下、糸崎区に移るな
どして、山陽路で使用。1939 年糸崎か
ら鳥栖区に移動してくる。以下、大分→
宮崎→を経て 1968 年 10 月に若松区に。
テンダーのナンバープレートが型式入り
で残されていた。1971 年 6 月に廃車。

C5552

1937 年 3 月、汽車会社製、製番 1460。C5551 とともに小郡区、糸崎区を皮切りに同じような移動をする。つまり、1939 年に糸崎区から鳥栖区に。以下大分→宮崎を経て、1968 年 10 月に若松区に。その後 1972 年 3 月吉松区へ移動、吉都線などで働き、1974 年 4 月鹿児島区へ移って、1975 年 2 月廃車。吉松時代にデフを改装（右写真）、地元で保存。

C5553

1937 年 3 月、三菱重工業製、製番 200。最初から九州の「シゴゴ」で、大分区に配属された。その後、電化の進捗に連れて宮崎区に移り、1968 年 10 月に若松区にやって来る。晩年は筑豊本線で働き、1971 年 8 月に廃車。この写真は宮崎区で撮影した日豊時代。

C5557

1937年3月、川崎車輛製、製番1765。C5551などと同じ行程を辿り、小郡区から1939年に鳥栖区に移り、以後、大分→大里→門司→大分→などと九州内を移動。1960年10月に若松区に。さらに1972年3月吉松区、1974年4月鹿児島区と転々とし、1975年3月に廃車。晩年まで美しい状態を保ったことから、保存の予定で留置されるも結局は解体されてしまった。

若松で出遇った C55 55

049

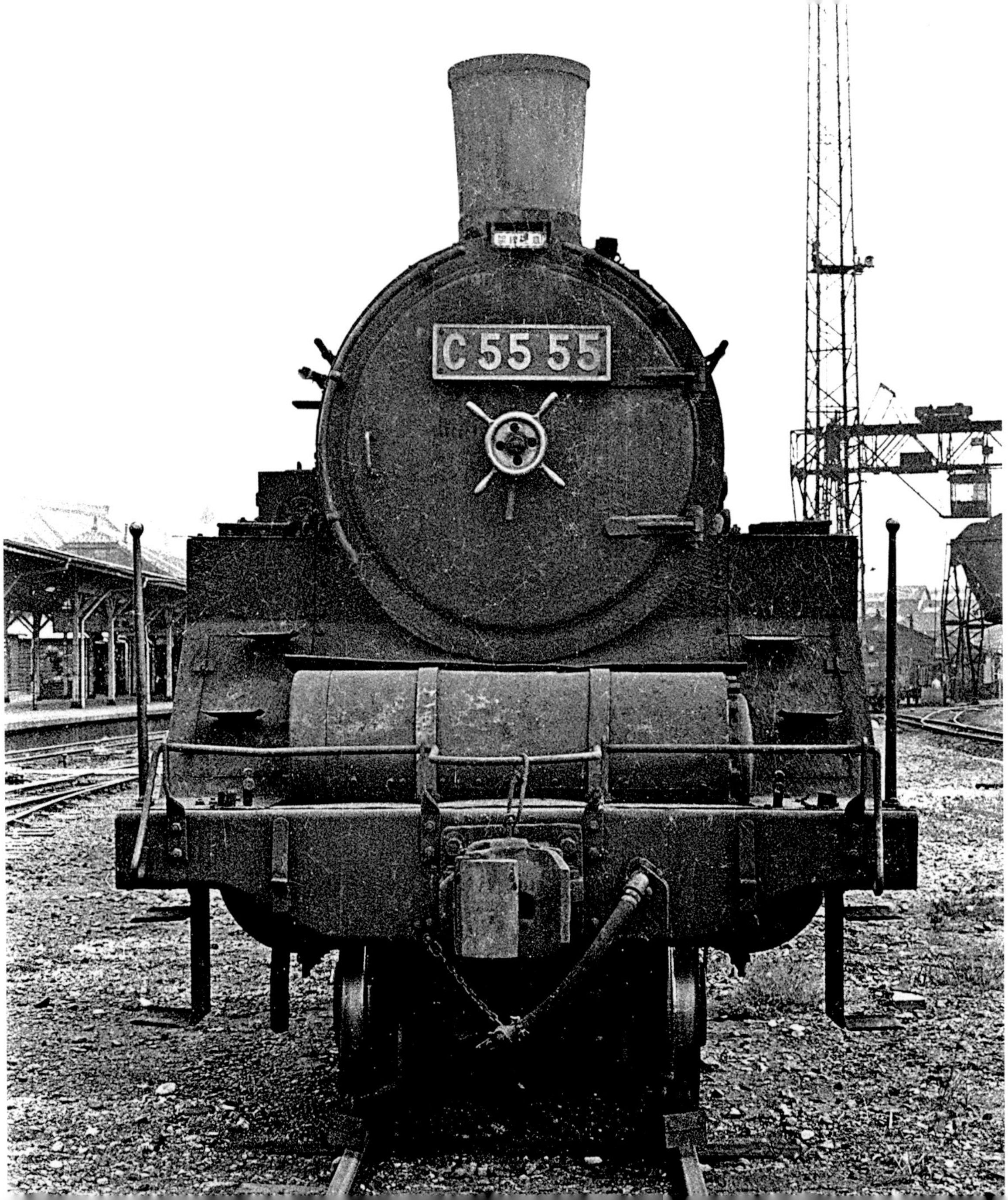
C 55 55

なん度目かの若松機関区訪問の時であった。ヤードの隅に変わった機関車が置かれていた。デフレクターがないから一瞬は8620かな、と思っていたら、なんとそれはC55。しかもナンバー55、C5555であった。

それにしても、「小工式デフ」のあれこれを考察したあとに、「デフなし」のC55とは。

蒸気機関車の煙室周辺、デフレクターに隠れてなかなか観察できない、というのがつねであった。だが「シゴゴ」の場合多くが「小工式デフ」になっているからさほど困ることはなかった。それは別にしても、こうしてデフのまったく存在しない大型機というのもまた新鮮で興味深いものだ。

C5555は1958年に秋田から宮崎区にやってきて、しばらくは日豊本線で活躍してきた機関車。1965年12月に鳥栖区へ送られ、そこで据付けボイラー代用として使われることになった。機関区では職員の風呂をはじめとしてお湯を提供するボイラーがあるのだが、その代わりを蒸機のボイラーを使って行なおうというもの。余剰になった機関車などが使われることもあったのだ。

後藤寺区、鳥栖区などで使用、最終的には1968年12月に廃車になった。その数ヶ月前、廃車前提で若松区に留置されていたときに遭遇した。メインロッドもなく、デフとともに前照灯も外されていた、それがC5555の最後の姿だった。

054

055

ちゃんとナンバープレートは付けているけれど、もう列車の先頭に立って走ることはない、廃車の機関車、である。むしろ、ナンバープレートが外されないままでいたからこそ、なんとか面目を保っていた、そんな感じだ。

　こののち、いろいろなところでいくつもの廃車体に巡り遇っているが、そのたびに逃げ出したくなるほどの寂寥感に襲われたものだ。かつて、辺りを圧倒する迫力で走っていた機関車が、鉄の塊になって放置されている。あれほどの熱も失せ、その面影もないほどにすっかり冷たくなっている姿は、憧れの対象であっただけにいたたまれなくなるのだった。

　C5555、ナンバープレートを付けて、しかも線路の上にいる。廃車状態とはいえ、出遇えた嬉しさが残っている。蒸気機関車晩年のいちシーンとして印象深かったりするのだった。

明治礦業 平山礦業所

筑豊石炭産業の残照

筑豊炭田の小宇宙

　明治礦業平山礦業所、鉄道好きには「明礦平山」の名で呼ばれる炭礦は、筑豊炭田にあって、貝島炭礦とともに最終期まで稼働していた貴重な炭礦のひとつとして忘れられない。

　小生にとっては偶然に発見したこともあり、よりいっそうの思い入れもあって、九州に行くたびに立ち寄っていた。なにか、そこだけが時間が停まっていたような不思議な雰囲気があり、車輌たちの面白さもあって、訪問のたびにどこかホッとした温かさに和んだのであった。

　基本は 546mm 軌間の鉱山鉄道。いくつかの採炭坑道から国鉄線への積替えホッパーまでの運搬、ボタ山への残滓捨て作業、坑内の補修などに使う資材運搬など、石炭採掘から搬出までのすべてを賄う専用路線であった。それだけでなく、800 輌はあるという運炭車をはじめとする車輌の保守、線路の保守、もちろん坑内の管理保守まですべてがこの一帯で完結している。

　つまり「明礦平山」はコンパクトにまとまった炭坑の小宇宙、という存在なのであった。

　本線は立派な架線を持つ凸型電機の働く電化線。ほかに個性的なバッテリイ機関車もいる。国鉄線には D51 型がやってくるほか、入換え用に自社の B タンク機関車 2 輌も所有していた。

The Real Life

いんちきクロス

くるり・たーん

立体交差もあります！

かたつむりループ

材木線

厠風機関庫

引き上げ線

ぐるりターン

地下コンベ

見晴らし台
実はボタ山）

実に干しブトン

古坑木処理場

Real-Life
の店

びっくり
大フミキリ

立派な
フミキリ小屋

ハンプとスイッチバックの合の子

巻き上げ
ウィンチの
小屋

カタツムリるーぷ

荒れ野原

坑口

七曲がりロカ

ヤード

碓井の
町

ハンプ＋スイッチバック

ぶらりん線

詰所

長屋風工場

大ホッパー

Chin Chin

本線

ケーブルカー
もどき

タコつぼ
トンネル

ぎりぎりるーぷ

坑木をつんだ
トラが数両

ホームには
坑木の山

☆ここにJNRの
引込専用線があり
日に１〜２往復D51が
入線してくるのです

ぎりぎりループ

実によくできたポイント

電気機関車の走る炭砿

平山のあたり

Not to Scale

専用線のボタ捨て線

国鉄からの引込み線

「蒸気機関車」誌20号（1972年、キネマ旬報社）のために描いたイラスト

　明治礦業平山礦業所の全貌を紹介するには、優に本書一冊分以上のページを要する。いや、それほど面白い場所で、まとめるに足る写真も撮り貯めているつもりだ。

　先に546mm軌間と書いたけれど、それは主力で働く三菱重工業社製の凸型電気機関車の「諸元」から出てきた数字。一般的に鉱山軌道には23インチ（584mm）軌間であったり20インチ（508mm）であることが多い。インチ換算すると約21½インチになる。だが近在には23インチ軌間、それより少しだけ幅の狭い576mm軌間（金丸炭礦、臼井茂信さんの「機関車の系譜」3：交友社）もあったというから、あながち間違いとばかりはいえまい。

　若かりし頃、半分勢いで描きあげたようなマップ でも、いかにそこが興味深い「小宇宙」であったかということが思い起こされる。詳細なメモもなく、記憶ほとんどでこれだけの話題が盛り込めたのだから、楽しくて楽しくてしようがなかった鉄道情景だったか、というものだ。

　もちろん個人的な趣味の波長に合っていた部分も否定はしない。しかし、こんな情景が存在した事実は忘れたくないし、記録にとどめておきたくなる。

　まずはお気に入りだった興味深い車輌二題を紹介しようと思う。

特集 3-1

明治礦業平山礦
236/237 号機

063

064

筑豊をクルマで巡っていた時である。すでに炭坑は数をどんどん減らしていた晩年のこと。とはいっても、それこそ線路が編み目のように敷かれていたこの地帯、廃線跡を含めて、思いがけず線路に出くわすことは稀ではなかった。

ところがこの時の不思議な感覚はいま以って忘れることができない。貝島から臼井を経て桂川に向かっていた。県道90号線、ちゃんと踏切り小屋があって踏切り番が遮断機を上げ下げする大きな踏切。上には立派なシンプルカテナリーの架線が。こんなところに電鉄線はあったかしら。しかも、それを渡るときあまりの線路幅の狭いのに目を見張った。

複線の線路がクルマのホイールベースの間に収まらんか、というほど。目を丸くして、その線路伝いに電化された炭礦専用線を辿ったのである。

もうその面白さに息をもつけず、半日をそこで過ごした、それが「明礦平山」との出遇いなのであった。白状すれば、その後三日に渡って通うことになるのだが、そこに国鉄ゲージの蒸気機関車がいることを知ったのは翌年の訪問時、という… それだけ「小宇宙」は夢中にしてくれた、ということだ。

蒸気機関車とともに、そうした小鉄道の魅力に気付かされてしまった、というわけだった。

「明礦平山」で使われていた2輛の蒸気機関車というのは、もと八幡製鉄で使われていた同型機。製鉄所の機関車という独特のスタイルそのものの機関車だが、もとをただせば1輛は1923年、ドイツのアーノルト・ユンク社製という26t級のBタンク機関車だ。

96、98号機を名乗っていたが、1953年に大改造されていまのスタイルになった。大改造というけれど、ほとんど新製されたもの、という記述もある。236、237号機になったが、「27-B-2」型という同じ型式を持つところをみると、改造されて27t級になったようだ。いずれにせよかなり大柄なBタンク機だ。1960年前後に明治礦業に譲渡されてきた。1輛が使用され、もう1輛は車庫で休んでいる。

2輛は交代で国鉄臼井駅から延びてきた専用線の終点で、貨車の入換えなどに就いていた。もう旧びてしまった大きなホッパーの下から石炭を積込んだセラの列を牽いて顔を出したシーンは、炭坑地帯の代表的いちシーンというものだろう。

暑い夏の日のことであった。ひと通りの入換え作業を終えた機関士さんは、やおら線路脇にとぐろを巻いていたホースを取り出すと、機関車に水を掛けはじめた。ホッパーで浴びた石炭の粉を洗い流そうというのだろうか。いや、見ているわれわれにもまたとない涼。たっぷり時間を掛けて、まるで夏の日の「打ち水」のような、清涼感をくれたのであった。

069

　先輩方は面白味のない機関車だというけれど、もう、蒸気機関車が数えるほどにか残っていない晩年、われわれにとっては、生きているだけで貴重な1輌だったというべきだろう。

　その存在に気付いてからは、きちんと詣でるように心がけた。それで「打ち水」や機関庫に佇む237号機など、いくつもの忘れられない情景に遭遇した。「明礦平山」はこの2輌の蒸気機関車を含めての「小宇宙」だった。

071

明治礦業平山礦 302号機

073

「明礦平山」でもうひとつ、ぜひとも紹介したい機関車がある。というより、単純にひと目で大変なお気に入りになってしまった愛嬌満点の「バテロコ」、蓄電池機関車である。

台枠の後部を少しだけ延長し、そこに手づくり感いっぱいのキャブを載せる。ちゃんとした扉もなく、右側のドアと妻前窓をアーチ状にし、ルーフの両側を雨樋代わりにカールして取付けただけで、こうも愛嬌あるキャラクターになるのか…

その絶妙なバランスがゆえ、であるのはよーく解っているが、実際にその現物を見てしまったら、それこそつぶらな瞳の愛犬がうずくまってるがごときで、思わず駆け寄ってしまいそうになる。マンガのキャラクター「珍犬ハックル」なる愛称を授けたものだ。

高さ、角度調節機構が組込まれたヘヴィ・デューティな前照灯、これまたヘヴィ・デューティなバッテリイ、太いケーブルが制御器に向けて延びている。接触したのだろう、手すりは曲がり、車体のあちこちに傷跡も残る。

そこがまた、健気に生きる雑種犬のようで、愛着を感じてしまう。

　明治礦業というだけあって、歴史は旧く1885年には開坑していた、という。1908（明治41）年から明治礦業を名乗っている。これまでも、ずっと「明礦平山」で呼び習わされてきた。最近になっていろいろ調べたら、石炭以外の採掘なども行なっていたこともあり、正しい社名としては明治鉱業なのだそうな。まあ趣味書ということで、ここでは石炭産出ということもあり「明礦平山」で進めさせていただく。

　炭坑衰退とともに、のちには新明治鉱業となって命脈を保とうとするも、地元、桂川のサイトには、地元で最後の炭坑、1972年廃坑とある。晩年、それこそいま思えば廃坑間際だった時期にも訪問し、周辺全体の活気の失せているのに目を見張った記憶が有る。

　いつだったか、302号帰の走行シーンに遭遇した。ランニングシャツ姿でドアもないキャブに乗り込むと、間を置くことなく走り出した。窓の縁に腰掛けて、反対側の窓からはタバコを挟んだままの左手を出して… まるでサンダルを突っかけてそのまま買いものに出て行く風な行動に、呆気にとられるとともに、この機関車の使い勝手のよさを思ったりした。忘れられない機関車のひとつだ。

077

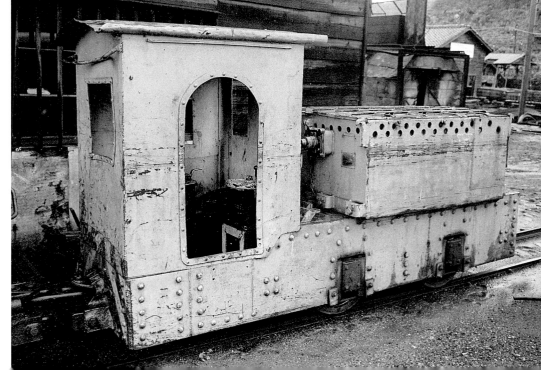

あとがきに代えて

　しかし鉄道趣味というのは奥の深いものである。そう、多くの人が「模型をつくるための参考資料にしたくて…」写真を撮りはじめたのが、そのまま鉄道写真の趣味にもなっている。

　そうはいいつつも、たとえば写真を撮っていても頭のどこかには模型のことがしっかりとあって、この列車をそのまま模型にしたらどうだろうか、だとか、この情景を模型で再現するとしたらどこを切り取ればいいか、というようなことを考えていたりする。

　また、鉄道自体が模型的な雰囲気を持つ軽便、トロッコの類は特別思い入れが強かったりする。最初は最新の特急電車から入ったとしても、だんだんと消えゆく蒸気機関車やローカル線、地方の小私鉄などに興味がいくようになったのも、模型というキイワードを思い起こすと合点がいったりするのである。

＊　　　　＊　　　　＊

友人、モリコー氏が製品にしてくれた明礦平山の「バテロコ」302。

　はてさて、こん回は特別に嬉しい話がある。30年来の友人でもあり、模型制作のプロ「Modellwagen」の森川幸一さんが模型製品にしてくれる、という。

　最初に「明礦平山」で遭遇してから、この機関車はぜひ模型に再現したい、と願っていたものだ。いかにも模型的な機関車。それをまるで自家用車、それも手軽な「軽」のように使っている。

　そう、そのむかしの東洋活性白土の蒸気機関車を思い起こしたものだが、バテロコではもっと簡単だ。それこそスウィッチをオンにしてノッチを入れればスルスル走り出してしまう。くわえ煙草の坑夫さんがヒョイと飛び乗って、ちょいと向こうの事務所まで、などという使い方を見て、羨ましくさえなっていたのが、模型で再現できる。

　あの機関車が欲しい、もはや実物も模型も見境ないほどの入れ込みようだから、小さな模型製品になってやってくるのが、なんと待ち遠しいことか。

＊　　　　＊　　　　＊

　本当は蒸気機関車末期の活躍の姿を記録にとどめておきたい、という目標を以ってこのシリーズ本を計画した。基本は変わってはいないのだけれど、こん回のようにその地域にある「かくれた鉄道情景」にもスポットを当てたくなってきた。蒸気機関車と同じように、こうした名もない線路もことごとく消えてしまった。

　消える寸前の時期、とはいえそれらに触れることができたのは大きな幸運だった、というほかはない。

　本書に関していっても、最晩年、筑豊本線の列車を追い掛けるよりも、多くの時間「明礦平山」の構内で過ごしたような気がする。列車を待つ時間がもったいない、その分「明礦平

明治礦業
平山礦業所
302 号機
1/87

モデルワーゲンで小さな模型になって再現された302号機。製品の問合せなどは http://www.modellwagen.com に。全長50mmほどの佳品。

山」では一刻一刻がドラマのように楽しくダイナミックな情景が広がっているのだから。

1972年の秋だったか、付近があまりに寂れているのに驚いたことがある。いつも、なにかしらが動いていて、活気に溢れていた「小宇宙」が…

その頃には蒸気機関車がブームのようになって、線路端にはけっこうなひとが集まるようになっていた。だからこそ、そうしたかくれた小鉄道が憩いのようになっていたこともある。しかし、そこも動きを止めようとしている。それを直感して、それ以降、そこに行けなくなってしまっている。って、もう半世紀以上むかしの話なんだ、と改めて思い返して、溜息を漏らしたりしているのだ。

＊　　　＊　　　＊

模型のすごいところ、それは時間を取り戻せる、ということではあるまいか。佳き時代、あそこで出遇った大好きな機関車が手のひらにすっぽり入るサイズで甦っている。線路に乗せて、電気を通せば動き出すのだ。いやあ、嬉しい。思わずニコニコしてしまう。時間を忘れてしまう。

まあ、それが趣味の効能というもので、そのありがたみを知って以来、自分でも趣味生活を送りつつ一方でこうした趣味の書籍をつくりつづけ、佳き時代の鉄道情景を記録にとどめておこうとしている、というわけだ。

それにしても筑豊という場所は石炭をキイワードになんと魅力的な場所だったことか。もう少し早く生まれていたらC51が… などという繰り言はいうまい。平山や貝島だけでなくC55にD60に、そうだD50にだって遭遇できているのだ。充分にシアワセ、というほかはあるまい。

2023年秋に

いのうえ・こーいち

いのうえ・こーいち　著作制作図書

● 『世界の狭軌鉄道』いまも見られる蒸気機関車　　全6巻　　2018〜2019年　　メディアパル
1、ダージリン：インドの「世界遺産」の鉄道、いまも蒸気機関車の走る鉄道として有名。
2、ウェールズ：もと南アフリカのガーラットが走る魅力の鉄道。フェスティニオク鉄道も収録。
3、パフィング・ビリイ：オーストラリアの人気鉄道。アメリカン・スタイルのタンク機が活躍。
4、成田と丸瀬布：いまも残る保存鉄道をはじめ日本の軽便鉄道、蒸気機関車の終焉の記録。
5、モーリイ鉄道：現存するドイツ11の蒸機鉄道をくまなく紹介。600mmのコッペルが素敵。
6、ロムニイ、ハイス＆ダイムチャーチ鉄道：英国を走る人気の381mm軌間の蒸機鉄道。

● 『C56 Mogul』　C56の活躍した各路線の記録、また日本に残ったうちの40輌の写真など全記録。
● 『小海線のC56』　高原のローカル線として人気だった小海線のC56をあますところなく紹介。
● 『井笠鉄道』　岡山県にあった軽便鉄道の記録。最期の日のコッペル蒸機の貴重なシーンも。
● 『頸城鉄道』　独特の車輌群で知られる新潟県の軽便鉄道。のちに2号蒸機が復活した姿も訪ねる。
● 『下津井電鉄』　ガソリンカー改造電車が走っていた電化軽便の全貌。瀬戸大橋のむかしのルート。
● 『尾小屋鉄道』最後まで残っていた非電化軽便の記録。蒸気機関車5号機の特別運転も収録する。
● 『糸魚川＋基隆』　鉄道好きの楽園と称された糸魚川東洋活性白土専用線と台湾基隆の2'蒸機の活躍。
● 『草軽電鉄＋栃尾電鉄』永遠の憧れの軽便、草軽と車輌の面白さで人気だった栃尾の懐かしい記録。
● 『日本硫黄沼尻鉄道』　先輩、梅村正明さんの写真で構成した沼尻鉄道の春夏秋冬。車輌も詳述。
● 季刊『自動車趣味人』3、6、9、12月に刊行する自動車好きのための季刊誌。肩の凝らない内容。

082

著者プロフィール
　いのうえ・こーいち　（Koichi-INOUYE）
岡山県生まれ、東京育ち。幼少の頃よりのりものに大きな興味を持ち、鉄道は趣味として楽しみつつ、クルマ雑誌、書籍の制作を中心に執筆活動、撮影活動をつづける。近年は鉄道関係の著作も多く、月刊「鉄道模型趣味」誌に連載中。主な著作に「C62 2 final」、「D51 Mikado」、「世界の狭軌鉄道」全6巻、「図説電気機関車全史」（以上メディアパル）、「図説蒸気機関車全史」（JTBパブリッシング）、「名車を生む力」（二玄社）、「ぼくの好きな時代、ぼくの好きなクルマたち」「C 62／団塊の蒸気機関車」（エイ出版）、「フェラーリ、macchina della quadro」（ソニー・マガジンズ）など多数。また、週刊「C62をつくる」「D51をつくる」（デアゴスティーニ）の制作、「世界の名車」、「ハーレーダビッドソン完全大図鑑」（講談社）の翻訳も手がける。季刊「自動車趣味人」主宰。（株）いのうえ事務所、日本写真家協会会員。
連絡先：mail@tt-9.com

筑豊線のC55、明鑛平山　鉄道趣味人 10「北九州 2」

発行日　　2023年10月20日
　　　　　　初版第1刷発行

著者兼発行人　いのうえ・こーいち
発行所　　株式会社こー企画／いのうえ事務所
　　　　　　〒158-0098　東京都世田谷区上用賀 3-18-16
　　　　　　　　PHONE 03-3420-0513
　　　　　　　　FAX　　03-3420-0667

発売所　株式会社メディアパル（共同出版者・流通責任者）
　　　　　　〒162-8710　東京都新宿区東五軒町 6-24
　　　　　　　　PHONE 03-5261-1171
　　　　　　　　FAX　　03-3235-4645

印刷 製本　株式会社JOETSUデジタルコミュニケーションズ

© Koichi-Inouye 2023

ISBN　978-4-8021-3421-7　C0065
2023 Printed in Japan

著者近影　　撮影：イノウエアキコ